Waltraud Mairs
Winterreise

Brack Verlag

Folgende Titel von Waltraud Mair sind im Brack Verlag erschienen:

So isch es, gell (1995)
Wia bei eis dauhoi (1998)
Leit, do isch mir was passiert (2004)
Stell di it so a (2008)
Hunger ist der beste Koch (2012)

Kontaktadresse der Autorin:
Waltraud Mair
Geblatsried 10 ½
87651 Bidingen
Telefon 0 83 48/4 69

Alle Rechte vorbehalten
ISBN 978-3-86389-012-4
2. Auflage Oktober 2014
© 2013 Brack Verlag GmbH
Zugspitzstraße 2a, 87452 Altusried
www.brack-verlag.de
Fotos: Photodesign Huber und Waltraud Mair
Druck: AZ Druck und Datentechnik GmbH, Kempten
Printed in Germany

INHALTSVERZEICHNIS

Kaste raume

Im Winter sag i b'eis im Haus,
dean Teppichbode werf mer naus.
Dea isch voll Fleck, dea wiaschter Bock,
im obre Gang im erste Stock.
Auf Weihnachten, des wär doch schea,
muess a neuer Boden hea.

Mei Ma hot koi Begeistrung ghet,
er moint, dass dean no johrweis dät.
Doch Frauen sind bei sowas stur,
i setz mein Gwalt jez oifach dur.

Sofort fahr i auf Beure nei
und kof an nuie Bode ei.
Oin, wo ma bloß so zemmeklickt,
i hau mer denkt, des isch doch gschickt.

„Wia mach mer des", frogt dann mei Ma,
„im Gang dob stoht dea Kaste dra?"
Ein riesen Trumm, nauf bis an d' Decke,
in deam duet allerhand dinn stecke.

„Dean bau mer ab", set dann dr Bue,
und mistet aus glei mehr wia gnue.
„Mehr wia d' Hälfte muess do weck,
wea braucht denn all dean alte Dreck?"

„I glob, dea spinnt“, denk i bei mir,
gib Obacht, dass dr koine schmier.
Alte Dreck, 's isch allerhand,
Schätze sind des alls mitnand.

Als Erstes do isch d' Bettwäsch dra,
do kriegt de Vogel fast mei Ma.
„So viel Glump“, set er dann schnell,
„Weib, mir hand doch koi Hotel.“

Drei, vier Paar, des isch Sach gnue,
natürlich moint des o dr Bue.
De Rest kommt in de Sack jez nei,
i schimpf und mach a Riesengschrei.

Mei guete Wäsch, no pfennigganz,
koi Löchle, it de kleinste Schranz.
Dr Bue moint dann mit einem Schnauf:
„I will koin Benjamin Blümchen mea drauf.
Vor 15 Johr war's schea für eis,
Sandmännchen und dean ganze Scheiß.“

Mit 25, des isch zum Lache,
dät er sich zum Deppe mache. –
Mei ganze Aussteuer, alls isch weck,
i könnt jez blärre auf'm Fleck.

Ganz unda kommt a Schachtel raus,
und mir kommt jez glei 's Lachen aus.
Meine Stiefel – eine Schau,
Gott sei Dank sind dia no dau.

Do schlief i nei jez auf dr Stell,
ringsrum so a langes Fell.
Dr letzte Schrei in de 70er-Johr,
superwarm, des isch frei wohr.

„Guet schaust aus", set dann mei Ma,
„a rote Hos und Stiefel a."
I stolzier dann mehr wia gnue,
„wia a Ross", set dann mei Bue.

Mei alter Gürtel kommt jez raus,
super sieht dea heit no aus.
Rosa mit so Glitzer dett,
dean hau i ledig ja scho ghet.
Im letzte Loch bring i ihn zue,
„gohsch auf d' Fasnacht", frogt dr Bue.

Jez kommt mei Wintermantel dra,
seit 17 Johr hau i dean a.
I mag ihn trotzdeam, dea isch schea,
dean gib i frei auf koin Fall hea.

Mei Ma hot gset: „Dea kommt jez fot,
hosch no zwei weitre, sapperlot."
Nei in Sack und aus'm Haus,
dean hol i morgen hoimlich raus.

A Beutele hau i entdeckt,
bin gspannt, was do no dinna steckt.
Ja so a Freid, des hau i no,
's Krönle von mei'r Erstkommunion.

So weiße Bleamla, wundernett,
und hinda lange Bändel dett.
Des setz i jez meim Gatten auf,
auf dia halbe Glatze drauf.
Eiserm Bue kommt 's Lachen aus,
„Papa, du schaust scheiße aus."

„Hopp, jez weiter", set mei Ma,
es sind no viele Fächer dra.
Mit meine Sachen gand dia um,
i stand do, mi bringt's schier um.

Dia Kleider flieget in oim Zack
direkt nei in Lumpesack.
I gib's ja zue, dia sind recht klei,
ins Meiste käm i nemma nei.

Und trotzdem ka i des it seah,
mir duet's glei bis in d' Seel nei weah.
Do hosch koi Chance bei deane Ma,
i rette, was i rette ka.

Jez packet mir des nächste Fach,
vollgstopft bloß mit Männersach.
An gstrickte Kittel pack i glei,
dea kommt in dean Sack jez nei.
Mei Ma, dea schreit: „Du weisch genau,
dea isch vo'r Tante, dea bleibt dau."

A Lederjuppe, dunkelgrea,
abgscherret, wirklich nemma schea.

Er set, dass er dia b'halte mächt,
im Haus rum wär se doch it schlecht.

Ja wia sich doch des Blatt jez dreht,
bei mir, do hauset dir wia bled,
und uiber Zuig, des alte,
wend dir nomal 20 Johr b'halte?

„Der Hochzeitsanzug – Finger weck,
dean losch mer hange an deam Fleck."
Dreißig Johr isch dea jez alt,
er käm it nei – und it mit Gwalt.

„Dea Anzug, dea erinnert mi,
dass i mit dir verheiret bi."
„Mi wenn d' siehst", so sag i glei,
„nau fällt's dir o ohne Anzug ei."

So goht es jez bei jedem Trumm,
und meim Ma weat's langsam z' dumm.

Er muess jez schnell auf Beure nei,
und zum Tanken, fällt ihm ei.
Des isch a Ausred, wia i moi,
und i bin mit'm Bue alloi.

Leer isch 's Fach jez von meim Ma,
jez kommt dr Kinderkruscht no dra.
Spielzeugsachen von de Kind,
weil dia pfennigganz no sind.

Dr Bue hot gstrahlt und isch ganz weck,
trägt's in sei Zimmer auf'm Fleck.
Dann hau mer denkt, dia Chance isch guet,
weil dea jez nemma luege duet.

Dia Säck sind dussa deponiert,
do weat jez nomal aussortiert.
Jez stand i duss, des gibt's doch it,
dea Ma hot alle Säck scho mit.

Mei, er kennt mi hald scho lang,
dea ahnt, dass i no drüber gang.
Vor Zoare schwitz i glei wia d' Sau,
d' Stiefel hand ihr Übrigs dau.

Menschenskind, duet mir des stinke,
i mag nemm und werd Kaffee trinke.
Nach fünf Minuten kommt dr Bue
und hockt sich an de Tisch derzue.

In de Hof rei fährt mei Ma
und macht glei so a Zanne na.
Auweh, do isch ebbas gscheache,
des hau i scho auf d' Weite gseache.

Er schimpft scho bei dr Haustür rei,
dass des doch wirklich 's Letzte sei.
„Dia Fahrt auf Beure war für 'n Arsch,
so ein Zoare, dia Blamasch.
I hau beim Tanke, 's war it nett,
no 's Krönle auf'm Grind dob ghet."

Weisch no, Luis?

„Weisch no, Luis?" Des isch dea Satz, dean d' Anna in de letzte paar Jahr wohl scho hundertmal gset hot.

Sie redt mit ihm, jeden Tag, manchmal jede Stund.

Krad macht sie mea bei ihm an Bsuch, auf'm Friedhof. Von Weitem sieht sie scho dean Namen auf'm Grabstoi: Alois Wetter, gestorben am 30. November. Wia oft hot sie des scho glease und ka's trotzdem no it globe.

Sie fährt mit dr Hand über dia Schrift, sie macht des so fei, als dät sie ihn streichle, de Luis.

„Griaß di, i bin's", set sie jedes Mal und ma könnt krad moine, dass a „Griaß di" z'ruckkommt.

Nach a paar Minuten isch sie tief versunken in dia Zeit mit'm Luis. Alle Erinnerungen sind mea do und bsonders heit am Heilige Abend. „Weisch no, Luis, wia mir allat mitnander de Christbaum in dr Stube aufbaut hand? Bloß rote Kugla und viel Lametta dra, so hau i de Christbaum am liebste möge. Und naucha, weisch es no, Luis, nau bisch mea du mit deim violette Vögele komme. Dean Vogel hosch amol vom Markt hoimbracht, koim hot dea gfalle – bloß dir, und er hot überhaupt it derzue passt, aus Glas, violett angmolet und als Schwanz a Federle. Jedes Johr hot dea wiaschte Siach am Baum sei miasse. Und du hosch glachet und di gfreut.

Luis, i sag dir ebbas – i hau ihn o huier mea auf de Baum gsetzt und ehrlich wohr, huier isch er mir gar nemma sooo wiascht vorkomme!"

Seit langer Zeit sieht ma d' Anna mea amol lächle.

„Ja, Luis, du hosch öfters so verruckte Ideen ghet, weisch no, wia du mir amol an Ostern an Schokolad-Nikolaus gschenkt hosch. Dean hosch im Werkzeugkaste versteckt ghet und naucha vergesse.

I hau scho 's Osterkörble mit'm Lämmle und de gfärbte Eier hergrichtet ghet, krad wollt i's mit in d' Kirche zum Weihe nemma, do hau i dean Nikolaus gseache, hinter'm Lämmle hosch ihn versteckt. I hör di heit no lache, so a Freud hosch du ghet.

Luis, i hau frei eisre Rosenstöck fest mit Daas einpackt, so wia du des allat gmacht hosch. I hoff, du bisch z'friede mit mir.

D' Rosenstöck sind allat dein Heiligtum gwese, bloß du hosch dia schneide und aufbinde könne. Jeden Tag hosch an deane Rosen rumzupft und glueget, dass se ja koine Läus it hand.

Bsonders dia rot Kletterrose hinda am Schopf, des war dei liebste. Drum hau i dir o a rotes Rosenstöckle do her pflanzt. Gell, des freut di. Mit Daas hau i's einpackt, dass es schea warm hot."

Aus reiner Gwohnheit zupft sie a weng an deam Daas umanand und – z'mol verschrickt d' Anna. Direkt hinter der winterliche Verpackung blüht a Rose!

Oi gozige kleine rote Rose!

„Des gibt's doch it, a Rose im Dezember."

D' Anna hot so a Freud, dass sie gar it merkt wia ihr a paar Tränen über d' Backen loffet. Seit langer Zeit dia erste Tränen aus Freud.

„Luis, gell dia isch von dir."

Ganz behutsam brockt d' Anna dia Rose, schiebt sie schnell unter ihren warmen Mantel und drückt sie ganz vorsichtig an ihr Herz.

„Dia due i dahoim in a Vase und stell se zu deinem Bild im Herrgottswinkel.

Des isch mei allerschönstes Weihnachtsgschenk!

Vergelt's Gott, Luis, und pfiad di bis morgen."

Am Friedhoftor dreht sie sich nomal um, lächelt über 's ganze Gsicht und schüttelt de Kopf: „Echt Luis, a Rose im Dezember!"

Teure Brezen

Vor Weihnachten, do war es glei,
kommt Nachbars Senz zu mir schnell rei,
sie set, dass sie a Bitte hätt:
„Könntest du, mei des wär nett,
mi morge früh zum Doktor führe",
sie däb's ganz arg im Kreuz mea spüre.

I bräucht dann o it auf sie wate,
holen däb sie doch ihr Mate.
„Isch doch klar", nau sag i glei,
dass i um achte grichtet sei.

Do nimm i dann, so wia i moi,
frische Brezga glei mit hoi.
Dr Huberbäck liegt auf dr Strecke,
dia deand eis nämlich bsonders schmecke.

Billig sind se obadrei,
do nimm i mehr und gfrier mer s' ei.
Am Morgen pünktlich pack mer's a,
„denk an d' Brezga", schreit mei Ma.

In deane Dörfer, des war schea,
hot's überall scho Christbäum gea.
Beleuchtet isch fast jede Wand,
Steare, Lichtla, allerhand.
D' Senz set dann: „Jez do lueg na,
do stoht a mordstrumm Elch glei dra.

Blinken duet dea Kerle glei,
und wechselt d' Farben neabebei."
Direkt vor'm Pfarrhof dra,
ja wia ma sowas möge ka.

Jez sind mir dra und d' Senz steigt aus,
ganz genau vor Doktors Haus.
I fahr dann zügig num ums Eck,
denn glei links doba isch dr Bäck.
I park auf d' Seite, 's weat's glei hau,
de Schlüssel o no stecke lau.

Scho stand i in deam Lade detta
mit meim große Einkaufskrette.
I kof und zahl und gang mea naus,
stand wia a Depp jez vor em Haus.

I glob, dass i an Vogel hau,
mei Auto stoht jez nemma dau.
I luege rechts und links ums Eck,
doch 's Auto, des isch spurlos weck.

Z'mol fällt mir ei, des isch es, ja,
gwieß a versteckte Kamera.
Dia machet öfters doch so Tricks,
i suech wia blöd, doch find i nix.

Mir fällt z'mol ei, i weiß genau,
i hau de Schlüssel stecke lau.
Im Lade sag i unverhohle,
„i glob, mir hand se 's Auto gstohle!"

„Um Gottes willen", schreit dr Bäck
und lueget selber num ums Eck.
Em Bäck sei Weib, dia moint dann glei,
„am beste hol mer d' Polizei."

Im Lade jammret a paar Leit,
was doch für Schlawiner geit.
Mir schlottret d' Knia, des ka ma spüre,
mei Herz, des klopft bis nauf ans Hiere.

Bei all der große Jammrerei,
kommt a ältrer Ma in Lade rei,
er war ganz fertig und benomme,
ihm sei a Auto krad verkomme:
„Wia von Geisterhand vorbei,
mit ohne Fahrer", set er glei.

Des sei dann über d' Kreuzung num,
und fährt an Gartenzaun no um.
Und dann, des isch it übertriebe,
sei es noo it stande bliebe.

„Am Maibaum streift es", set dea Ma,
„und rumpelt nau an Pfarrhof na."
Und auf dr Stelle war mir klar,
dass des ganz gwieß mei Auto war.

Alls isch hie, do möcht i wette,
i wirf sofort mein Brezenkrette
oifach auf de Bode na
und fetz ganz gschwind zum Pfarrhof na.

Dr Bäck und sui glei hinterdrei,
und Kunde rennet o no zwei.
Mei Auto bäbbt am Pfarrhof dra,
ja wia des bloß passiere ka?

„Für was duet's denn a Handbrems gea",
so befzget Pfarrers Köchin hea.
Und dann duet sie brutal an Schrei ...
„Jessers, was ka jez no sei?"

Unter'm Auto, ja du Graus,
schaut vom Elch a Haxe raus.
Dean hot's vernudlet, so ein Mischt,
de Elch, dean hot's frontal verwischt.

Er isch maushie, des hot koin Weat,
und 's Blinke hot er o aufgheat.

Der Autoschaden war it klei,
dreitausend Euro koscht des frei.
Der Gartenzaun und no zwei Bosche,
an Hunderter, do brauchst it gosche.

Als wär des Ganze no it gnue,
a neuer Elch kommt no derzue.
Er stoht mea vor em Pfarrhof dra
und blinkt so wild er eben ka.

Und eisre Brezen, 's war it nett,
soooo teure hand mir no nia ghet.

Laible bache

All Jahr, so um dia gleiche Zeit,
wär 's Laibla-Bache mea so weit.
I due's ganz geare zwischenei,
drum kof i all dia Sachen ei.

Butter, Mehl und Zucker gnue,
Nüss und Mandeln no derzue.
Schokolad no für an Guss,
Kokosflocken o zum Schluss.

I hol mei neues Backbuch hea,
des hot's im Angebot erst gea.
Oifach sottet d' Laibla weare,
ausstechen mag i it so geare.

Koi wo ma zemmebäbbe sott,
des dauret z' lang und goht it flott.
I mag nix spritze und verziere,
do duet ma viel z' viel Zeit verliere.

Oi Rezept, des gfällt mir glei,
„Walnusstafeln" stoht derbei.
Ma rührt an Teig zamm auf dr Stell,
und nauf aufs Blech, Bue, des goht schnell.

Fertig bache und zum Schluss
kommt oba nauf a Schokoguss.

Dann schneidt ma kleine Würfel draus,
und des war's dann – fertig aus.

Jez werd i des Rezept glei packe,
meine Walnüss weidle hacke.
Butter, Zucker, Schokolad,
alles hau i scho parat.

Zügig alles zemmegrührt
und glei auf des Blech nauf gschmiert.
Nei ins Rohr und bache lau,
jez weat's dia Laibla dann bald hau.

Dr Wellensittich kommt drhea,
des isch dr Hansi, nett und schea.
Dea will dia Walnussbrösel fresse,
auf dia, do isch er ganz versesse.

„Ja freilig darfst du dia jez hau,
hau's extra für di übrig lau."
I mach drseit de Schokoguss,
für dia Laibla no zum Schluss.

Schnell no drauf gschmiert, glatt und schea,
do hau i mir viel Mühe gea.
Bis dea Guss jez trocke isch,
putz i d' Kuche und de Tisch.

Z'mol trifft mi wirklich fast dr Schlag,
dir globet's it, was i uib sag.

Dr Hansi fliegt zum guete Schluss
direkt nei in Schokoguss.

Er moint, des sei für ihn a Bad,
steckt wadentief im Schokolad.
Jez fangt er erst no 's Pfludre a,
und arbet um so wild er ka.

Jeds Mol wenn i ihn packe mecht,
macht der Kerle mea an Hecht.
Er ackert des ganz Blech jez dur,
mei Lieber, des gibt a Glasur!

Dr Guss hängt an meir Brille dra,
dass i schier nix seache ka.
Dr Schokolad loft übrall ra,
von de Fliesen bis an Bode na.

Z'mol isch der Guss dann fester woare,
und er hot d' Geschwindigkeit verloare.
Ka seine Haxe nemm verzieche,
jez hau'n packt, dean kleine Siache.

Wia a Mohrenkopf sieht dea jez aus,
ja, wia bring i bloß dean Guss mea raus?
Mensch, des isch doch allerhand,
jez flutscht er mir no aus dr Hand.

Er pfludert an de Vorhang na,
weil er nemma fliege ka.

Desmol hau'n glei derwischt,
weil der Guss fast trocken ischt.

Ins warme Wasser muess er nei,
a Spülmittel isch o derbei.
Fast zwei Stund, es hot was gnutzt,
hau i an deam Vogel putzt.

Mit ar Pinzette hau i zupft
und Federn leider mit ausgrupft.
So wia er aussieht, moint ma glei,
dass dea in dr Mauser sei.
Nei in Käfig, Klappe zue,
vom Hansi hau i heit frei gnue.

's Laibleblech, it zum vertrage,
wia ein Schlachtfeld könnt ma sage.
I schneid's in Würfel und könnt blärre,
dia wearet gesse, hau mi geare.

Nachbars Senz kommt krad no rei,
dia kommt all Tag, des muess so sei.
„Hosch bache", fangt sie nau glei a,
und ob ma was probiere ka?

„Ja freilig", sag i, sind ganz frisch,
und stell dia Laibla auf de Tisch.
D' Senz, dia langet gherig zue,
dia kriegt bei sowas gar it gnue.
„Mei, sind dia guet", so moint sie glei,
und schiebt sofort des nächste nei.

Sie set, dass i guet bache ka,
„doch wia bringst du dean Guss so na?"

I brauch a Ausred auf dr Stell,
drum sag i zu dr Senzl schnell:
„Dia Technik do", jez lüg i glatt,
„dia war amol im Baureblatt."

D' Hochzeit

's müsst im November gwese sei,
do bringt bei eis dr Postbot glei
a rosarots Kuvert ins Haus,
a Einladung kommt do dann raus.

Zu ar Hochzeit, mi hot's gfreit,
denn bei der Braut isch wirklich Zeit.
Der ihr Frühling isch vergange,
do hot scho fast dr Herbst angfange.

Sie isch vom Alter so wia i,
drum freu mer eis jez recht für sie,
mir sind mitnand in d' Fachschuel gloffe,
und hand eis regelmäßig troffe.

Do war mer jung, 's war eiser Lenz,
d' Marie, i und Nachbars Senz.
I denk oft dra, und bsonders heit,
wia schea mir waret, seinerzeit.

Mei Gatte kommt krad rei bei'r Tür,
i sag zu ihm glei: „Stell dir vir,
d' Marie heiret, lädt eis ei,
i bin begeistert, freu mi glei."

„Dia alte Jungfer", set er dann derzue,
„dia isch o überständig gnue.

In deam Alter", moint er ungeniert,
„ob sich do 's Heire no rentiert?"

„Mei Lieber, jez gohsch sauber z'weit,
legst du's a krad auf an Streit?"
Vor i d' Meinung sag meim Ma,
stoht Nachbars Senz am Fenster dra.

„Hosch gseache, d' Marie lädt eis ei",
sie hot no d' Karte mit derbei.
A Foto isch do o mit dinn,
dia machet's nobel, ja i spinn.
Voll Neugier lueget mir des Bildle a,
d' Marie und ihr alter Ma.
Mit ihrem Dirndl stoht sie dau,
mehr breit wia hoch und katzengrau.

Er isch stattlich, lange Haxe,
und lässt sich krad a Glatze wachse.
D' Senzl moint: „Wia hander's nau,
soll mer auf dia Hochzeit gauh?"

Dr Mate will it, ka i heare,
er mag dia Marie it so geare.
Er findt des Weibsbild oifach bled,
und „altes Scheit" häb er no gset.

Des wär no scheaner, sag i do derzue,
zu viert weat gfahre und a Rueh.
D' Landkarte holet mir dann glei,
bei Immenstadt dob soll des sei.

Am Mittwoch siech i dann de Mate
krad vis a vis in seinem Gate,
drum schrei i oifach übern Zau,
dass i scho a Gschenk für'n Samstag hau.

An ganz an scheane Spätzlehobel,
so a Gschenk, des isch doch nobel.

„Isch des dean Samstag", frogt er glei,
häb gmoint, dass nächste Wuch erst sei.
„Also guet", hot er no gset,
dass er mit'm nuie Auto fährt.

Am Samstag trifft mi schier dr Schlag,
gschniebe hot's de ganze Tag.
Dr Mate schimpft jez zum Verrecke,
bei so viel Schnee dia weite Strecke!
Z'weitest dob, bei Immenstadt,
er häb dia Hochzeit jez scho satt.

Um siebne abends sind mir los,
mit Dirndl und mit Lederhos.
Bis Immenstadt isch ganz guet gange,
dann hot dia Sucherei a'gfange.

Neabedussa muess des sei,
wia heißt dia Wirtschaft jez no glei?
Heißt's Hirsch, na Krone oder Bäre,
d' Senz behauptet es heißt Steare.

Mei Ma mischt sich jez endlich ei,
er häb doch d' Einladung derbei.
Er lachet eis glei alle aus,
d' Wirtschaft heißt „Zum Deutschen Haus".

Dr Schnee isch allat höher woare,
und dr Mate kriegt an Zoare.
Weg's deam blöde Weiberleit
fährt ma bei deam Schnee so weit!

Mir fahret ewig hin und hea,
Wirtschafta hätt's häufe gea.
Do isch a Schild „Zum Deutschen Haus",
ma moint, do duss goht d' Welt jez aus.

Im Schritttempo isch Mate gfahre,
es dauret ihn sei nuier Karre.
„Dia alte Braut", duet er sie nenna,
„hätt bis zum Frühling warte kenne!"

Im Zoare set er ganz verschreckt:
„Do hoba isch dr Hund verreckt."

Endlich steiget mir jez aus,
und zügig nei ins Deutsche Haus.
Bei'r Tür zum Saal, do wart mer glei,
und lueget wo dia Marie sei.

Dea Saal isch komisch, ja verreck,
dea goht do vorne num ums Eck.

Und grammelt voll, ja pfiat mes Gott,
wean d' Marie alles glade hot.

Krad vor eis, do an dr Tür,
do wär a Plätzle für eis vier.
Ganz energisch set mei Ma:
„Do hock mer jeza schleunigst na."

„Herrschaft Ma, hosch du koi Hiare,
als Erstes duet ma gratuliere."
„Des könn mer doch no hinterhea",
an eisrem Tisch hot's 's Esse gea.

A Knödelsuppe dät i moine,
doch es gibt Rolla, mickrig kloine.
Ussa grea und inna Reis,
und in dr Mitte no ebbs Klei's.

Mir lueget alle vier wia bled,
„Sushi", hot dann d' Senzl gset.
Rechts von eis, dia junge Leit,
dia lachet alle mit dr Zeit.

Jez lueg i mir dia Junge a,
ja wia dia d' Marie lade ka?
Überall glei tätowiert,
und dia meiste kahl rasiert.

Gepierct sind alle, klarer Fall,
in Oahre, Näs und überall.

An de Augebraue, ja du Graus,
do standet glei so Nägel raus.

Jez fällt eis des allmählich auf,
de ganze Tisch glei na und nauf.
Lauter so verhaute Hund,
dass ma sich glei fürchte kund.

Und lauter Junge, seachet's dir,
dia oinzig Alte, des sind mir.
Tracht hot do koi Mensch it a,
„des isch gspäßig", set mei Ma.

Dea Junger neber'm Mate dett,
dea hot dia meiste Glufa ghet.
Er schaut de Mate gründlich a,
z'mol fangt er dann zum rede a.

„Hey Alter, wirklich cooler Style,
dein Outfit find ich supergeil!"
„Hä", hot dann dr Mate gset,
dia Junge lachet all wia blöd.
Geand Obacht, dass'm koine schmier,
deam Glufemichl neaber mir.

Z'mol fangt dann a Musik a,
so laut, dass ma's it packe ka.
Dia Junge machet jez an Kreis,
des isch fürs Brautpaar, wia ma weiß.

Dir globet's it, was i uib sag,
eis viere trifft jez fast dr Schlag.
A Braut mit schwarzem Minirock
und lange Stiefel, desch a Schock.

Hind und vorn tief dekoltiert,
in alle Farben tätowiert.

I glob mir sind im falsche Haus,
mei Ma holt glei mea d' Karte raus.
Deutsches Haus, des muess doch passe,
z'mol duet er sich ans Hiare fasse.

„Heit isch dr Siebte!", set dann mei Ma,
„d' Marie isch erst nächst Wuch dra!"

Mit einem Ruck sind mir vier naus,
Pfiad Di Gott, du Deutsches Haus.

Am Auto sag i dann – „i hau
de Spatzehobel flacke lau."
„Wurscht", set Mate und hot gstrahlt,
„mir hand ja d' Zech drfür it zahlt."

Schneeballschlacht

Wia war des doch als Kind so schea,
a Schneeballschlacht hot's öfters gea.
Nach dr Schuel, am Pfarrhof dra,
zielt ma dann so guet ma ka.

Ma lacht und hot a Freid dra ghet,
lässt d' Schneebäll sause glei um d' Wett.
Mancher Treffer duet frei weah,
bloß oin Moment, dann goht's scho mea.

Doch oimal, mitta in der Schlacht,
hot dr Pfarrer d' Tür aufgmacht.
Oi Schneeball landet – dumme Gschicht –
direkt in Hochwürdens Gsicht.

Der Schuss war scharf, Bue, des war dumm,
de Pfarrer haut es oifach um.
Liegt lang gstreckt auf'm Schwelle dra,
vor Schreck hält alls de Schnaufer a.

Endlich hot er sich mea grührt,
auweh, do isch was passiert.
Ihn hot's frontal aufs Gsicht na ghaut,
do hot sich koir mea lache traut.

Dr Franz und Sepp, dia größte zwei,
eilet dann zu Hilfe glei.

Sie helfet ihm o mea in d' Heache,
übrall ka ma 's Bluet jez seache.

Aus Näs und Mund, des isch ja klar,
versauet isch dr ganz Talar.
Dr Seppi duet sei Schneiztuch raus,
es sieht zwar nemma sauber aus,
doch erfüllt es no sein Zweck,
er putzt des Bluet jez sauber weck.

Dr Pfarrer isch a gueter Ma,
er lueget so dia Buebe a
und set: „Das Schneeballspiel ist aus,
geht jetzt alle schnell nach Haus!"

Dr Seppi moint jez nach der Schlacht:
„A Entschuldigung wär angebracht."
Er fangt dann glei zum stottre a,
weil er hochdeutsch it guet ka.

„Hochwürden, mei des isch jez bled",
so hot er ganz verzweifelt gset:
„Des isch saudamisch gloffe,
dass uib dea Schneeball hot so troffe."

Des Wörtle „Mund" fällt ihm it ei,
drum set dr Seppi oifach glei:
„Es duet eis leid, glei all mitnand,
dass dir de ‚Riassel‘ sooo verfalle hand!"

Photovoltaik Anlage

Vor fünf Jahr, so ungefähr,
moint mei Ma wia toll des wär,
Stromerzeugung isch voll im Trend,
und, dass mir a Photovoltaik wend.

's Dach vom Stall, des passt genau,
do dätet mir viel Sonne hau.
Dass sich die Sache o rentiert,
wearet d' Platten bald montiert.
Schea isch it, des gib i zue,
doch Strom erzeug mer mehr wia gnue.

Kommt mei Ma vo'r Arbeit hoi,
dann wär's doch passend, wia i moi,
er dät zu mir z'erst „Griaß di" sage,
do muess i mi frei scho beklage.

Do rennt er z'erst in Keller na,
und liest sofort de Zähler a.
Und d' Wechselrichter, do weasch hie,
krieget mehr Beachtung als wia i.

Beim scheane Wetter isch a Sach,
do loft des Geld krad ra vom Dach.
Im Winter isch es it so schea,
's größt Problem isch hald dr Schnea.

Mei Ma hot dann an Einfall ghet,
er holt a ganz a langes Brett,
und er erklärt mir ganz genau,
wia i des zum hebe hau.

Am Sonntag früh probier mer's aus,
heit kommt ganz gwieß d' Sonne raus.
Hint und vorn a Leiter na,
do klettre i jez mit meim Ma
bis aufs Dach, des goht ganz guet,
wenn's mi o recht friere duet.
Bis an d' Platten oba na,
do setz mer eiser Brett jez a.

Von meim Ma hau i vernomme,
dr Schnea weat glei ins Rutsche komme.
Mir schiebet a, er schreit hurra,
wia a Lawine saust des na.

Mir reißt's des Brett glei aus de Händ,
meim Ma genauso, des goht gschwind.
Brett und Schnea, isch alls drvo,
und eisre Leitern beutelt's o.

Mein lieber Mann, jez hosch de Dreck,
all zwei Leitern sind glei weck.
„Wia komm mer na", frog i de Ma,
mir standet ziemlich ratlos dra.

Um Hilfe schreie hot koin Zweck,
d' Föhla sind heit beide weck.

Dia kommet gwieß, so wia i moi,
vor achte abends gar it hoi.
Beim Bue, do wiss mer auf oin Schlag,
dea stoht it auf vor Nachmittag.

Ja lieber Gott, was deand mir bloß,
i, mit meiner dünne Hos,
und bloß Turnschueh an de Füeß,
i fürcht, dass i verfriere miass.

Auf oimal fällt mir ebbas ei:
„Ma, hosch 's Handy mit derbei?"
„Ja klar", set er und hot a Freid,
„wia guet, dass es dia Handys geit."

Er zieht es raus, z'mol schnauft er schwer,
ma ka bloß lease: Akku leer!
„Ma, i glob, du lernst des nia",
i krieg an Zoare glei und wia.

Mi friert es alleweil no mehr,
dr Bayrwind pfeift von Osten her.
Koi Kappe und koi Handschueh a,
i schimpf barbarisch jez de Ma.

Sei großes Schnupftuech zieht er raus,
es sieht zwar nemma sauber aus,
des war mir wurscht in deam Moment,
des bind i mir dann um de Grind.

Vom Eishockey hot er a Fläsche
mit Obstler in dr Juppetäsche.
„Her dermit, des sauf i glei“,
„des wärmt von innen“, set dr Mei.

Von Weitem sieh i ganz verschwomme
de Bichl rauf a Auto komme.
„Eiser Rettung“, hau i gset,
due 's Schneiztuech ra und wink wia bled.

Voll Hoffnung sind mir alle zwei,
doch dea winkt z'ruck und isch vorbei.
Wia ma no so bled sei ka,
„a so a Depp“, schimpft dann mei Ma.

Des Dach isch steil, do kasch kaum stauh,
dr Obstler hot sei Übrigs dau.
Ka sei was will, i flack jez na,
„do verfrierst“, set dann mei Ma.

Im Fernseher, do sei's erst komme,
z' Sibirien hot ma des aufgnomme.
Bewege miass ma sich und riahre,
dann däb es oin it gar so friere.

So ham'mer dann Gymnastik gmacht,
eisern, mir hand nemma glacht.
De Obstler hau i no vollnds gsoffe,
nau isch d' Gymnastik besser gloffe.

Doch friere duet's mi allat no,
und biesle sott i dringend o.
Sonst deand doch Leit spaziere gauh,
doch heit, do kommt koi alte Sau.

Mir könnet nemm und hocket na,
i schlief ganz näch zu meinem Ma.
Es isch jez nachmittags halb viere,
und i bin haarscharf am Verfriere.

Mei Ma, dea rumplet z'mol in d' Heache,
er häb Nachbars Mate gseache.
Dea rettet eis, do gibt's koin Zweifel,
mir hand gschrie glei wia dr Teifel.

Er hot eis gseache, lueget dumm,
mei Ma hot gschrie: „Ja gang hald rum."
Er kommt und kennt sich gar it aus,
deam Mate haut's de Vogel naus.

Er moint: „Ja sind dir nemma gscheid,
mir beobachtet uib dia ganze Zeit",
er häb dann zu dr Senzl gset,
„i glob dia Mairs sind wirklich bled.

Dia zweie jucket mitanand
auf'm Stalldach umanand.
Schnäpslet, wia wenn se damisch sind,
und winket läppisch krad wia d' Kind."

„Mate, stell dia Leiter na",
set energisch dann mei Ma.

„Dei Gschwätz, des weat mir langsam z'dumm,
i dreh dir glei de Kriegel um."

Endlich mea am Bode hund –
nach eisigkalte siebe Stund.
Mei Ma klärt dann de Mate auf,
i bin aufs Klo im volle Lauf.

Dr Bue, dea frogt mi dann no dumm:
„Wo treibet dir zwei uib heit rum?"

Am nächste Tag hau i Katarrh,
nach so ar Tour isch des ja klar.
Mei Ma duet's auf dr Blase hau,
i ka des wirklich guet verstauh.

Aufs Dach, do gang i gar nia mea,
von mir aus hot's an Meter Schnea.
Dr Stromertrag wär zwar o. k.,
doch wärmer isch am Kanapee.

Advent – so oder so?

A   Auf Weihnachten freuen

D   Dankbar sein

V   Vorfreude

E   Einstimmen auf Weihnachten

N   Nächstenliebe

T   Tolerant sein

oder:

A   Arbeit gibt es mehr wia gnue,
         Adventskranz binden no derzue.

D   Daas für d' Krippe braucht ma o,
         dass es schea wird sowieso.

V   Vorkochen für dia Weihnachtsgäst,
         Vergnügen isch es koins, des Fest.

E   Einkofe muesch für alle Leit,
         erwartet wearet Gschenke heit.

N   Nougatlaibla soll ma bache,
         natürlich o an Stolle mache.

T   Tannenbäumle richt ma her,
         tja, wenn's scho bloß Neujahr mea wär!

Dick oder dünn

Zwei Spinna treffet sich amol
dob an dr Stubesdecke,
dia oi, dia isch zaunraggedürr,
dia ander fett wia d' Zecke.

Ja sag amol, set dann dia fett,
wia siehst denn du heit aus,
bei dir, do standet überall
ja bloß no d' Knoche raus.

I hau an schlechte Platz derwischt,
des isch it zum vertrage,
a Hausfrau führt b'eis 's Regiment,
dia duet mi bloß no jage.

Sie hot de Besen in dr Hand
von früh bis spät in d' Nacht,
wenn dia mi oimal lofe sieht,
nau weat a Hetzjagd gmacht.

Vom Stubewinkel muess i raus
bis auf de Kachelofe,
nau kommt sie mit'm Bese hea,
und i muess scho mea lofe.

Sogar im Christbaum hosch koi Rueh,
hau krad a Netzle gsponne,

mit'm Staubsauger kommt sie drhea,
i bin ihr knapp verdronne.

Ins Krippele bin i dann nei,
beim Josef unter'n Huet,
natürlich hot se mi entdeckt,
dea Einfall war it guet.

Wo sie de Josef rausgholt hot,
do bin i auf und fott,
hau's krad no hintern Kaste gschafft,
i ka nemm, lieber Gott.

So isch des doch koi Leabe mea,
mir duet's jez langsam stinke,
drum sieh i gar so elend aus,
am liebste dät me henke.

Doch sag amol, wia isch bei dir,
warum bisch du so fett?
Hosch du in deiner Stube dinn
koi Hausfrau hinda det?

Dia Spinne fangt 's Verzelle a,
sie häb do ihre Tricks,
mit Hetzjagd durch des ganze Haus,
do ging bei ihr frei nix.

Ins Weihwasserkächele, so set sie nau,
do flackt sie gmütlich glei,
do langet wirklich 's ganze Johr
bei eis koi Mensch it nei.

Dr Christbaum

Am Heilig Abend, es wär Zeit,
de Christbaum richte sott ma heit.
Des isch a Thema, ehrlich wohr,
do streitet mir fast jedes Johr.

Mei Ma will hald a Fichte hau,
dia dätet b'eis im Holz duss stauh.
„Dia koschtet nix, sind wunderschea,
do weat ma no a Geld ausgea!"

Do gäb's gwieß scheane, wia i moi,
doch solche bringt er ja it hoi.
Do isch er wia dia andre Baure,
dia scheane Bäum, dia deand ihn daure.

Des was er hoimbringt, isch doch klar,
des ghört scho zu dr mindre War.
Gar koin Ast auf oiner Seite,
dia andre gand drfür in d' Weite.

Zwei Wipfel hand se meistens ghet,
und haufe dürre Nadeln det.
Mir reicht's jez langsam mit deam Schund,
lauter so verhaute Hund.

Seit vier Jahr, des muess so sei,
koft ma a Nordmanntanne ei.

Dr Mei, dea goschet all Johr mea,
„so an Haufe Geld ausgea."

Doch desmal war es dann so weit,
i hau zum Einkofe koi Zeit.
Mei Ma kommt doch auf Beure nei,
do koft er sell an Christbaum ei.

In dr Garage sieh i dean loine,
a munters Bäumle könnt ma moine.
Er hot ihn sich verpacke lasse,
i denk mir no, dea weat scho passe.

Am Heilig Abend rei ins Haus,
und in dr Stube packt man aus.
I verschrick und due an Schrei,
„Ma, des ka dein Ernst it sei!"

Dea Baum hot Äst, des isch a Graus,
vom Stamm an Meter achtzig naus.
Doch alle Äst – und des isch dumm –
sind an deam Baum bloß unda rum.

Ab Höhe Knie, do kommt nix mea,
ganz oba kasch drei Stürfel seah.
Wia a Schleifer sieht dea aus,
mir haut's jez fast de Vogel naus.

A Gstrüpp am Bode, dann dia Stang,
und an halbe Meter z' lang.

„Reg di it auf und komm mea ra,
dean säge i a Stückle a."

Er säget und jez hosch de Dreck,
jez sind dia ganze Äst mit weck.
Des gibt mir vollends dann de Rest,
mir hand an Baum mit ohne Äst.

Dr Bue kommt krad in d' Stube rei
und lachet wia a blöder glei.
„Isch des dr Christbaum, saget bloß",
dann lacht er mea von vorne los.

Z'mol sieht er Papas ernstes Gsicht,
's Lachen leidt's jez wirklich nicht.
Dr Bue duet's vorsichtig probiere,
ma müsst ihn hald nett dekoriere.

Doch z'erst muess er in Ständer nei,
wahrscheinlich isch dr Ständer z' klei.
Seit Jahren wott i scho an nuie,
doch mein Ma duet's Geld mea ruie.

Vo'r Werbung isch mir des bekannt,
do nimmst de Baum mit oiner Hand,
druckst mit'm Fueß do unda kaum,
und bolzekrad stoht scho der Baum.

De alte Ständer holt mei Ma,
gusseisern mit so Schraufe dra.

Er sieht's dann wirklich selber ei,
„dean Prügl bring mer do it nei."

Er holt de Beichel und fangt a,
dean spitzget er jez unda dra.
A Brettle unterlegt er glei
und haut dann wia a Holzknecht nei.

Z'mol rutscht er ab – 's war it so nett,
dr Beichl steckt jez im Parkett.
Do könnt dir doch glei alls vergauh,
i hau gschimpft und rasend dau.
„Reg di it auf", set dann mei Ma,
„do legt ma hald a Blache na."

Jez passt der Stamm in Ständer nei,
i heb ihn fest, er schraufet glei.
Dr Baum, dea neigt sich jez auf d' Seite,
„rechts num", sag i und due deute.

„Ja, heb hald krad", schreit dann mei Ma,
er schraufet was er schraufe ka.
I hau jez langsam de Verdacht,
dea hot dean Stamm viel z' spitzig gmacht.
Jez haut er Keil nei in seim Zoare,
dia Sach isch langsam besser woare.

Voller Stolz set dann mei Ma:
„Gell, do luegesch, was i ka."
I pack dann glei mei Schachtel aus,
krad no acht Kugeln kommet raus.

Bloß oins dät mi no intressiere,
wia soll i dean jez dekoriere?
Dia drei Stürfel oba naus
seachet wia Teifelshoare aus.

„Do fangst mit a paar Kugla a,
de Rest bindst hald an Stamm no na.
Dir Weiber machet a Theater
wegs deam Christbaum", moint dr Vater.

Mir weat dia Sach jez langsam z' bled,
i hau zu meine Männer gset:
„Benutzet uiber Fantasie,
deand was dir wend, doch ohne mi."

I bin in d' Kuche und fang a,
dass ma heit no esse ka.
Dr Bue hot d' Bastelkiste gholt,
koi Ahnung, was er dermit wollt.

Auf oimal scheppert's glei ganz laut,
ganz klar, do hot's de Baum umghaut.
Dr Bue holt Bese und Schaufel glei,
des wearet meine Kugla sei.

„Bleib in dr Rueh", set dann mei Ma,
„fünf Kugla hanget scho no dra.
Wart no schnell und komm it rei,
i glob, du weasch begeistert sei."

Jez isch a halbe Stund scho rum
und i lueg jez in d' Stube num.
I weiß es it, du lieber Gott,
ob i lache oder blärre sott?

I siech dean Prügl do so stande,
aus Plastik grün dia alt Girlande,
in Wellen gschwunge, wundernett,
dia hängt an deane Stürfel dett.

„Dia war an eisrer Haustür dra,
bei'r Silberhochzeit", set mei Ma.
Und gelbe Fedra leuchtet raus,
dia hänget sonst am Osterstrauß.

Z'mol siech i no, und i verschrick,
vom Strohballe an blaue Strick.
Als Sicherung sei dea gedacht,
dea weat an Fenstergriff na gmacht.

Doch vor an anbindt no mei Ma,
haut's de Baum an Bode na.
Haarscharf krad an mir vorbei,
und Kugla hand mir jez no drei.

I soll jez glei in d' Kuche gauh,
sie däbet ja „Plan B" no hau.
Was des isch, i froge it,
denn do vergoht dr Appetit.

Dann hand mir g'esse, alls war schea,
jez sott es no d' Bescherung gea.
Drum sind mir all in d' Stube nei,
Leit, i due jez glei an Schrei.

Dean Baum, dean bindet Bue und Ma
mit am Spanngurt an d' Kommode na.
In eisrer Stube, in der warme,
es war ein Bild zum Gotterbarme.

Doch d' Föhl schwärmt scho a ganze Weil,
dea Baum sei cool und affengeil.
„Im ganze Landkreis", sag i dir,
„hot koir an solche Baum wia mir!"

I gwöhn mi jez schea langsam dra,
und voller Stolz sind Bue und Ma.
Doch 's Schlimmste isch, i sag's uib prompt,
wenn oir zum Christbaumlobe kommt.

Dr Esel Beppo

In Bethlehem, do war's dr Fall,
stoht weiter duss a alter Stall.
A weng verfalle, wia i moi,
em Esel Beppo sei Dauhoi.

Dr Ochs, de Maxl, isch derbei,
dia land sich's guet gauh, do dia zwei.
Im Sommer hand sie Arbeit gnue,
se kommet schier gar it zur Rueh.
Im Winter dürfet dia zwei Buebe
endlich dann a bissle kruebe.

Z'mol kommt dr Max ums Eck rum grennt,
dass moine könntst, der Kerle spennt.
„Beppo, Beppo, lose hea,
hau in dr Krippe krad was gseah!

I wollt a Gosche Grummet fresse,
dean Anblick werd i nia vergesse.
Des gibt's doch it, i glob i spinn,
do liegt a kleines Kindle dinn!"
„Des hot's dir träumt", set Beppo schnell,
„i gang und luege lieber sell."

Tatsächlich liegt a Kindle dra
und hot krad bloß a Windel a.
A junge Frau stoht neabedett
und strahlt mit ihrem Ma um d' Wett.

Dr Beppo schaut in d' Krippe nei,
betrachtet sich des Kindle glei.
Zum Max set er: „Es isch a Bue,
und friere duet's ihn mehr wia gnue.

Jez luege krad dia Füeßla a,
do sind ja Hennebrupfa dra!"
„Des Kind ghört gwärmt", so moint er glei,
„komm, Maxl, schnauf in d' Krippe nei."

So schnaufet beide, wia sich's gheart,
und merket schnell, des hot an Wert.
's Kind isch warm und rosa woare,
hot rote Bäckla bis an d' Oahre.

Dann strahlt des Kind, so wia es ka,
de Beppo und de Maxl a.
Durch Mark und Boi goht's alle zwei,
des Kind muess ganz ebbs Bsonders sei.

Dia Nacht so hell und steareklar,
des alles isch ganz sonderbar.
Dia zweie hand's zwar it kapiert,
doch ganz inna ebbas gspürt.

Des Kind wo's hot so furchtig gfrore,
des isch eiser Heiland woare.

Drum weat nach guet zweitausend Johr
allat no – und des isch wohr –

überall glei auf dr Welt
von Ochs und Esel no verzellt.
Beppo, Max, i sag's uib glei:
„Des hand'r guet gmacht, alle zwei."

Evangelium Markus 17

Vor Weihnachten, des muess so sei,
do sott ma beichte gauh,
denn jeder, wurscht ob Frau ob Ma,
duet ebbs am Kerbholz hau.

Ma isch hald manchmal narret gwest,
a „Menter" rutscht oim raus,
oi lüget dann no zwischenei
und bscheißet, 's isch a Graus.

Drum wär a Beicht jez angebracht,
Hochwürden wartet drauf,
dann goht ma hald in Beichtstuhl nei,
macht 's Sündesäckle auf.

Dr Pfarrer hot es furchtbar dick,
wenn oir so stottre duet,
vorbereitet sott ma sei,
dann goht's nomal so guet.

Drum hot er dann an Einfall ghet,
so goht des richtig flott,
a Bibel gibt's in jedem Haus,
in der ma lesen sott.

„Im Evangelium", set er drauf,
bei Markus 17 däb es stauh,

und, dass es jeder lesen muess,
do däb's ums Lügen gauh.

Am nächste Sonntag isch dann Beicht,
und d' Kirche füllt sich glei,
Hochwürden freut sich drauf,
weil jeder vorbereitet sei.

Er duet dann alle Leit begriaße,
schea, dass dir heit komme send,
„wir knien alle vor dem Herrn
und faltet eisre Händ."

„Wea hot's glease", frogt er glei,
„Markus 17, isch des gscheache?"
Von vorn bis hint gand alle Händ
bolzekrad in d' Heache.

„Ihr Pharisäer", schimpft er glei,
„dir lüget glei vor Gott,
weil's bei Markus in dr Bibel krad
bloß bis Kapitel 16 goht."

Weihnachtsgschenk

Weihnachten isch bald scho mea,
do sott's für d' Frau a Gschenkle gea.
Scho wochenlang hot Xaver denkt,
was er wohl seim Weible schenkt.

Ebbs für d' Küche, fällt ihm ei,
was könnt denn do wohl nützlich sei?
Herrschaft isch doch des a Graus,
do kennt er sich hald gar it aus.

Nachbars Seppl kommt vorbei,
„dean frog i", denkt dr Xaver glei.
„Dea weat ganz gwieß an Einfall hau,
er hot ja schließlich o a Frau."

„An Mixer", hot dr Seppl gset,
des findt dr Xaver eher bled.
A andrer Einfall wär bequem,
„schenk ihr hald a neus Kostüm."

Do stimmt dr Xaver o it zue,
„dia hot Klamotten mehr wia gnue."
„A Parfüm, des möget d' Fraua zum Verrecke."
„Jez gang, wea weat an dear no schmecke?"

Dr Seppl moint dann ganz genau,
„am beste frogst direkt dei Frau."
„Des wär ja 's Dümmste, so a Schritt,
denn sooo viel ausgea will i it."

Des ka i it ...

„Jez duesch di a bissle ausruhe, gell." Mit diesen Worten bringt Gretl Heller ihren Mann jeden Mittag zu einem kleinen Schläfchen ins Bett.

Die nächste knappe Stunde gehört ihr, ihr ganz alleine. Sie sucht ihren Lieblingsplatz im Wintergarten auf. Vor zwei Jahren haben sich die Hellers diesen Wintergarten geleistet. Gemeinsam haben die beiden geplant, gebaut und eingerichtet. Immer gemeinsam. Die bunt geblümte Couchgarnitur ist das Prunkstück. Von ihr aus hat man einen herrlichen Blick in den liebevoll angelegten Garten. Gretl liebt diesen Platz und verbringt dort immer „ihre Stunde".

„Unser Ruhestand hätte so schön werden können", immer und immer wieder hat sie ihre Pläne, die sie gemeinsam geschmiedet hatten, vor Augen.

Seit ihr Mann Hartl vor einem guten Jahr die Diagnose bekommen hat, ist alles anders geworden. Demenz, immer weiter fortschreitend – unheilbar.

In diesem kurzen letzten Jahr hat sich so viel geändert. Hartl ist nicht mehr Hartl. Ihr Alltag ist nicht mehr ihr Alltag.

In einer Woche ist Weihnachten; Gretl fürchtet sich ein bisschen davor. Letztes Weihnachten konnte Hartl noch ein wenig bei den Vorbereitungen helfen. Wenn sie ihm eine Christbaumkugel in die Hand gab, konnte er sie noch mit Mühe am Christbaum befestigen. Das Anbringen der Lichterkette hat ihn eigentlich schon damals überfordert. Gretl versuchte trotzdem, ihn in alle Aktionen einzubinden. Sie backte mit ihm die Weihnachtsplätzchen und mit ihrer Hilfe konnte er diese sogar mit einer Glasur überziehen. Immer wieder unterbrach er seine Arbeit mit den Worten: „Jez will i mea hoim."

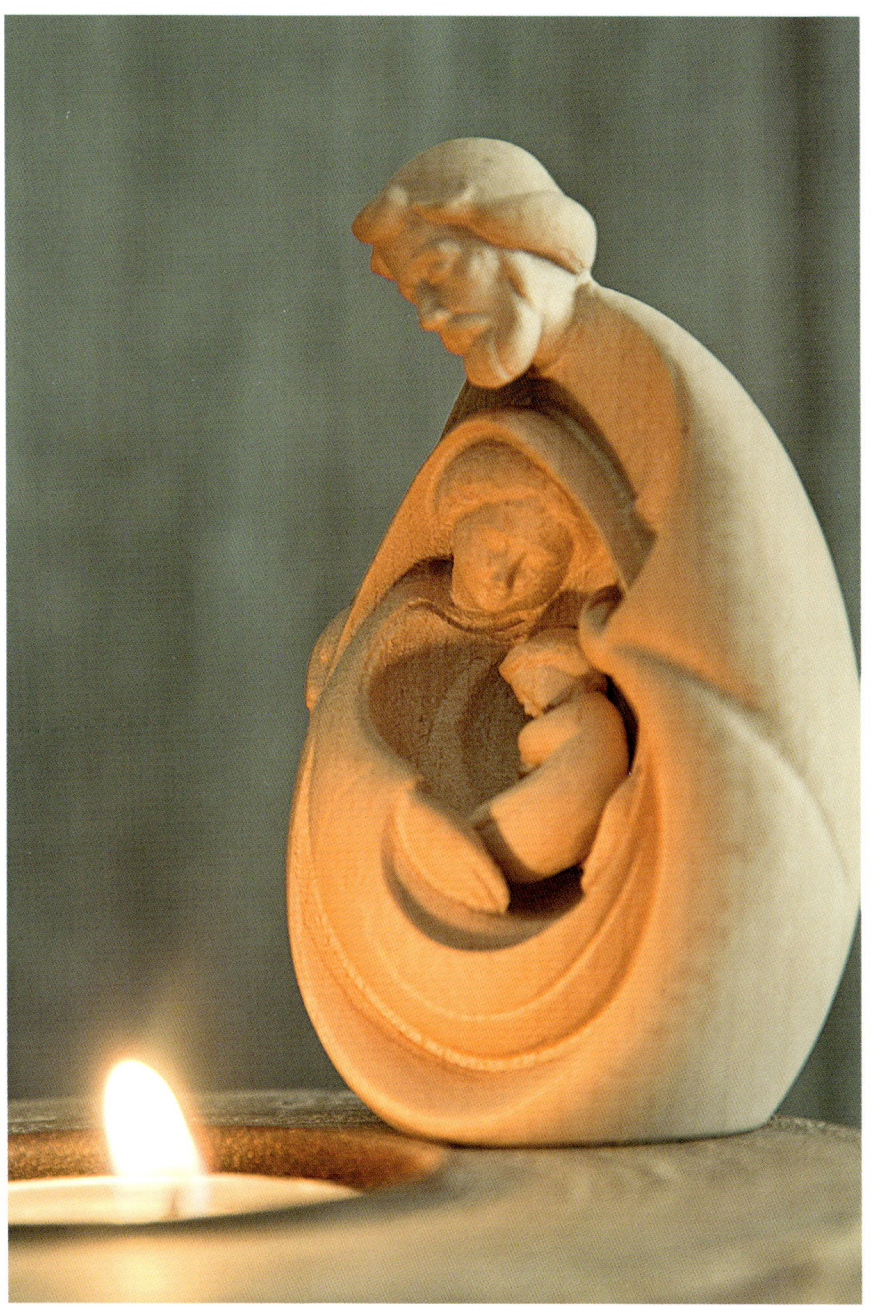

Gott sei Dank waren die Kinder und Enkel an Weihnachten da. Ihre Tochter Burgi hatte große Mühe, sich auf diese veränderte Situation einzustellen. Immer wieder sagte sie zu ihrer Mutter: „I könnt des it jeden Tag ertrage." Gretl versuchte immer noch alle Unzulänglichkeiten ihres Mannes zu überspielen oder zu verheimlichen. Die Enkel fanden es lustig, wenn Opa, statt sich die Hände zu waschen, das Handtuch über den Kopf legte und zu singen begann.

Ihrem Sohn Erich war sofort klar, dass Vater über kurz oder lang in ein Heim musste. „Des ka ma doch it aushalte", wiederholte er immer wieder. Gretl hat sich mit dieser Lösung nie beschäftigt.

Im Frühjahr und im Sommer hat sich Hartls Zustand sehr verschlechtert. Er hörte gänzlich auf zu sprechen, selbst sein „Jez will i mea hoim", war verstummt. Das Einzige, was geblieben ist – sein Lächeln. Immer wenn ihm Gretl die Hand oder die Wangen streichelt, lächelt er.

Im Herbst hat sich seine körperliche Mobilität extrem verschlechtert. Ohne Gretls Hilfe ist er nicht mehr in der Lage, auch nur einen einzigen Schritt zu laufen. Jeden Morgen kommt eine Schwester der Sozialstation, die Hartl wäscht und anzieht. Den restlichen Tag versucht Gretl alleine über die Runden zu kommen. Es kostet manchmal sehr viel Mühe, aber ein einziges Lächeln entschädigt sie für das alles.

In diesem Jahr wird Weihnachten sehr viel schwieriger werden. Hartl weiß nicht mehr, was Weihnachten ist. Einfach vergessen, ausgelöscht – für immer!

Erich hat einen Brief aus Neuseeland geschickt. Er teilte Gretl mit, dass er Weihnachten auch dort verbringen werde. „Das mit Vater, ich kann das nicht. Ich bin sicher, dass Du mich verstehst. Liebe Grüße, Dein Erich." Wieso Dein und nicht Euer Erich?

Tochter Burgi rief aus Köln an, wo sie mit ihrer Familie lebt. „Mama, sei mir it bös, aber mir feiret Weihnachten desmol lieber

in Köln, du weischt scho, mit'm Papa und so … i ka des oifach it, i schick dir a Paket und wünsch dir schöne Weihnachten."

Gretl ließ sich nicht entmutigen und versuchte, das schönste Weihnachtsfest aller Zeiten für Hartl und sich selber auf die Beine zu stellen. Und es gelang ihr!

Als sie am Heiligabend gemeinsam mit Hartl auf dem geblümten Sofa im Wintergarten saß, legte sie ihren Arm um ihn und streichelte seinen Kopf. Sie summte für ihn ein Weihnachtslied und Hartl lächelte.

Gretl war sich sicher: „Auch, wenn dir des all it könnet, i probier's wenigstens!"

Stille Nacht, heilige Nacht

Der Heilige Abend, der von allen Kindern herbeigesehnte Tag, war endlich gekommen. Die besondere Stimmung dieses Tages war einfach für alle spürbar.

Abends, nach der Stallarbeit, saß die ganze Familie in der guten Stube zusammen und Mutter tischte traditionell ihre Bratwürste mit Kartoffelpüree auf.

Nach dem Essen las der Vater, wie jedes Jahr, die Weihnachtsgeschichte aus der Bibel vor. Mutter, die drei Buben und Opa Franz hörten aufmerksam zu. Und endlich war der langersehnte Moment da, endlich gab es die Geschenke. Mit großer Freude und Begeisterung wurde ausgepackt. Mancher lang gehegte Wunsch wurde heute wahr.

Alle waren glücklich und strahlten, bis auf Opa Franz. Wie jedes Jahr hatte er diesen unendlich traurigen Ausdruck in seinen Augen. Sein Blick ging ins Leere und man hatte fast den Eindruck, als wäre er in einer anderen Welt. Ganz unbewusst wischte er die Tränen aus seinem vom Leben gezeichneten Gesicht.

Nach der Bescherung holte Mutter ihre Gitarre und die ganze Familie sang das ganz besondere Weihnachtslied „Stille Nacht, heilige Nacht."

Opas Tränen flossen unaufhörlich und er schluchzte leise in sein großes Taschentuch. Dieses Lied berührte ihn bis in sein tiefstes Inneres.

„Opa, was hosch du denn", fragte ihn der kleine Thomas immer wieder, aber Opa winkte nur ab und meinte: „Des ka i it verzählen!" Trotz der großen Weihnachtsfreude bedrückte es jeden, Opa so traurig und bewegt zu sehen.

Viele Jahre später, die Buben waren inzwischen junge Burschen geworden, kam nach der weihnachtlichen Bescherung wieder der Moment, der Opa Franz jedes Jahr noch mehr belastete. Mutter holte ihre Gitarre und sie sangen gemeinsam „Stille Nacht, heilige Nacht".

Thomas konnte nicht mehr mit ansehen, wie Opa Franz sich quälte. Er setzte sich neben ihn, legte seinen Arm um ihn und sagte: „So, Opa – und jetzt verzählst du uns, was di so viele Jahre scho druckt."

Opa Franz schloss die Augen und begann ganz langsam mit dem Kopf zu nicken, immer wieder und immer heftiger. „Ja, ja ich werd euch heut alles verzählen!"

Er begann mit zittriger und gebrochener Stimme. „Es war der Heilige Abend 1948 in russischer Kriegsgefangenschaft." Opa stockte und atmete tief durch. Seine Hände begannen zu zittern, aber plötzlich brach es wie ein Schwall aus ihm heraus.

„Es war bitter kalt, diese Kälte könnt ihr euch nicht vorstellen. Durch alle Ritzen unserer primitiven Baracke pfiff dieser eiskalte Wind. Den ganzen Tag mussten wir im Wald arbeiten, wir spürten keine Finger und Füße mehr. Nachdem wir unsere tägliche Wassersuppe und ein Stück trockenes Brot gegessen hatten, setzten wir uns um den kleinen Ofen, der kaum Wärme spendete.

Es war der Heilige Abend, wir waren traurig, wir hatten Hunger und wir hatten Heimweh. Heimweh nach den Eltern, den Geschwistern, oder nach den Ehefrauen und den Kindern, und Heimweh nach der Heimat. Keiner wusste, ob wir all das jemals wiedersehen würden. Mitten in diese traurige Stimmung platzte einer unserer Kameraden mit dem Satz: ‚Ich habe eine Überraschung für euch!'

Es war der Gustl, und er war der beste Kamerad, den man sich vorstellen kann. Er hatte auf dem Rückmarsch von der Arbeitsstelle heimlich einen kleinen Fichtenast abgerissen und unter seinem zerrissenen Mantel versteckt. Langsam, fast feierlich zog er seine ‚Trophäe' heraus. ‚Das ist unser Christbaum!'

Wir klemmten ihn an die Stirnseite unserer Holzpritschen zwischen zwei Bretter. Wir nahmen aus unseren Zigarettenpäckchen das Silberpapier heraus und rissen es ganz vorsichtig in dünne Streifen und schmückten damit unseren Baum. Es sah beinahe wie echtes Lametta aus. Ich glaube, es war der schönste Christbaum in meinem Leben.

Andächtig schweigend saßen wir am Boden und waren in Gedanken bei unseren Lieben daheim. Gustl begann plötzlich ganz leise zu singen: ‚Stille Nacht, heilige Nacht‘. Obwohl uns die Tränen über die Wangen liefen, stimmten wir alle mit ein. Zwölf Kameraden in der eisigen Kälte Russlands.

Wir hatten das Lied noch nicht zu Ende gesungen, da wurde mit einem Schwung die Tür zu unserer Baracke aufgerissen und der russische Aufseher tobte. Es war Sergej, den wir am meisten fürchteten. Er schrie, wie wir ihn noch nie gehört hatten. Mit einem Ruck riss er unseren ‚Weihnachtsbaum‘ heraus und schlug ihn um unsere Ohren, dass es nur so pfiff. Als er gerade die Baracke verlassen wollte, drehte er sich noch einmal um und schlug dem Gustl so heftig den Ast mitten ins Gesicht, dass dieser rückwärts zu Boden ging. Die Türe knallte zu und Sergej war verschwunden.

Als Gustl langsam die Hände aus dem Gesicht nahm, sahen wir, dass er ein Auge verloren hatte. An diesem Abend weinten wir uns in den Schlaf.

In den nächsten Tagen entzündete sich Gustls Wunde und es wurde jeden Tag schlimmer. Am Neujahrstag bekam er hohes Fieber und Schüttelfrost. Gegen Abend begann er in seinem Fieberwahn zu phantasieren und rief nach seinen Eltern und seiner Braut Luisa. Plötzlich richtete er sich auf und flüsterte mit letzter Kraft: ‚Stille Nacht.‘ Weiter kam er nicht, er sackte auf die Holzpritsche und wir wussten, dass er tot war.“

Opa Franz hat es unendlich viel Mühe gekostet, diese Geschichte

zu erzählen, aber er fühlte, wie sich der Druck in seiner Brust löste. Die ganze Familie hatte aufmerksam zugehört, alle schwiegen, keiner mochte irgendetwas sagen.

Nach einer langen und berührenden Stille stellte Mutter eine brennende Kerze in die Mitte des Tisches, nahm ihre Gitarre und sagte: „Jetzt singen wir Gustls letztes Lied zu Ende – nur für ihn!"

Weise gauh

Damals, do in Bethlehem,
an deam bsondre Stall,
do kommet häufe Hirte glei,
scho gwieß von überall.

Zwei Allgäuer sind o derbei,
des ka ma sofort heare,
sie folget wia dia andre do
deam große helle Steare.

Sie wend des Kindle oifach seah,
wo do heit geboare,
denn des, so wisset mir heit all,
isch eiser Heiland woare.

Ganz elend liegt es in deam Stroh,
hot bloß a Windel a,
d' Maria, die stoht neabedett,
und Josef no, ihr Ma.

Vorneduss dia Hirtenma,
so hand sie dann vernomme,
jeder hot a Gschenk derbei,
dia sind zum Weisen komme.

Dr erste, 's war a alter Hirt,
dea bringt an Hafe Mill,
dr Josef hot „Vergelts Gott" gset,
d' Maria lächelt still.

Dr nächste bringt a Decke mit,
für's Kindle, do im Stroh,
bei so ar Kälte braucht ma dia,
do waret sie recht froh.

An Honig und a Marmelad,
des hand dann oi derbei,
dass d' Maria mea zu Kräften kommt,
dia strahlt und freut sich glei.

A Häfele mit Butter dinn,
und a Kipf Brot derzue,
zum essen gibt's do huss im Stall
ja doch bei Gott it gnue.

Jez kommet d' Allgäuer an d' Reih,
nach der lange Tour,
an „Weißlacker" bringt dann dr erst,
dr zweit an „Romadur".

Der Duft verbreitet sich im Stall
und zieht in Josefs Näs,
dann schnüfflet er und weiß it recht,
er kennt ihn it, dean Käs.

Er flüstert zur Maria numm
und zeigt auf d' Krippe na:
„I glob, do isch mea d' Windel voll
bei eisrem kleine Ma!"

Christbaumloben

Nach Weihnachten, dia nächste Täg,
ja dia sind bsonders schea,
zwischen Weihnachtshetz und neuem Johr,
do muess a Pause hea.

Dia Feiertäg, dia strenget a,
viel z' viel gesse, glei mit Gier,
und jez bisch narret auf di sell,
denn es verreißt oin schier.

Drum gönnet mir eis heit an Tag,
des leid's mir und meim Ma,
so lieget mir gemeinsam dann
aufs Kanapee jez na.

Krad, dass mir richtig gflacket sind,
do klingelt's mea derzue,
„ja Herrschaftszeiten", set mei Ma,
„kriegt ma denn gar koi Rueh?"

I luege naus, mi trifft dr Schlag,
a Bsuech stoht vor dr Tür,
it bloß oir, des dät's ja no,
so wia i sieh, sind's vier.

Nachbars Mate und sei Senz,
und Hubers alle zwei,
dia rumplet, ohne dass was sesch,
bei eisrer Haustür rei.

Ma will de Christbaum seache,
i weiß it, was dia wend,
zum Christbaumlobe sind sie do,
i hau dean Brauch it kennt.

Des hot's doch früher gar it gea,
Moden sind des heit,
als ob's bei eiserm dürre Siach
no ebbas z' lobet geit.

Jez sind se in dr Stube dinn
und lobet, 's isch ja klar,
als ob's koin scheanre Christbaum gäb
wia eiser Exemplar.

Mei Ma hot gset: „Jez hol de Schnaps,
weg's deam sind dia ja komme,
i hau des ganze Sortiment
vo'r Speis in d' Stube gnomme.

An Ramazzotti und Likör,
Goldwässerle derzue,
an gschenkte Schnaps aus dr Tschechei
und Obstler, mehr wia gnue.

Vom Bodensee, an räse Hund,
biet i als Erstes a,
weil dean bei eis koi Mensch it mag,
drum stell 'n geare na.

Dr Huber Fränze froget glei:
„Hosch du koin bessre dau?
Dean kasch it trinke", moint er glei,
„dea brennt im Hals wia d' Sau."

D' Senzl will jez an Likör,
dea braune dät ihr schmecke,
mit Cappuccino däb dea sei,
dean mag sie zum Verrecke.

Hubers Vevi set derzue,
dass sie was Bsonders mächt,
an Aperol, wenn d' mische könntst,
des wär mir dann krad recht.

Nachbars Mate set dann no:
„An Ramazzotti duesch mir hea,
mit Eis und ar Zitrone dinn";
beim Mair duet's alles gea.

Jez wottet sie a Bier derzue,
mei Ma holt d' Kiste rei,
dann hot ma glei an Vorrat do
und koi so Springerei.

Weihnachtsstollen hol i no,
und d' Laibla miasset weck,
so hot dia Christbaumlobarei
am Schluss dann doch an Zweck.

Mei Ma macht no de „Willi" auf,
dean guete, dea war teier,
er moint, dea sei heit wirklich recht,
zu so ar scheane Feier.

Mi reut er zwar, drum trink i mit,
und lange gherig zue,
ja wia dr Mensch so saufe ka,
dia krieget nemma gnue.

Mei Weihnachtsgschenkle liegt no dra,
i zeig's und pack es aus,
aus rosa Seife isch des gmacht,
sieht wia a Törtle aus.

Oben weiße Tupfer drauf,
wia vom Konditor glei,
doch essen ka ma's leider it,
weil's ja aus Seife sei.

I stell's mea auf de Hocker na,
it dass no was passiert,
denn z'mol hot's Hubers Fränze glei
aufs Klo ganz arg pressiert.

Ihn drimmslet's glei an Türstock na,
von do weck o mea z'ruck,
drum schreit er dann zu eis no hea:
„Jez brauch i no an Schluck."

Dr Mate duet a Halbe auf
und will's em Fränze bringe,
doch sein Plan goht gar it auf,
es wollt ihm it gelinge.

's Gauh hot nemma funktioniert,
er wankt und stolpert glei,
und setzt sei Baurefiedle dann
ins Seifentörtle nei.

Bue, des sieht aus, total verdätscht,
an Trottl könnt 'n nenne!
„Was willst denn", set dr Mate drauf,
„hättsch so it esse kenne!"

Im Hausgang hot's an Rumpler doa,
des weat vom Fränze komme,
er hot am Rückweg 's Weihnachtsgsteck
im Hausgang duss mitgnomme.

In ar Bodevase Daasäst dinn,
mit Lametta und mit Steare,
d' Äst am Bode, d' Vase hie,
mei Lieber, do könntst blärre.

Dr Fränze kommt jez nemma auf,
drum kreist er wia a Kind
direkt zu eis in d' Stube rei,
Lametta auf'm Grind.

Sei Vevi, dia verreißt es schier,
dia kriegt sich nemma ei,
sie redt zu ihrem Ma dann na:
„Wo isch er denn, dr Klei?"

Lebkuchen mag dr Mate geare,
do isch er ganz versesse,
und nebenbei, er hot's it gmerkt,
dia halb Serviette gfresse.

D' Senz will jez an Wodka hau,
dean trinkt dia krad wia 's Bier,
auf oimal rumplet sie dann auf
und wacklet Richtung Tür.

Naus ins Freie, des isch guet,
sie hot's doch übertriebe,
im Hof duss hot dia Senzl dann
an Gartezaun na gspiebe.

Jez mach i an Kaffee derzue,
des baut oin doch mea auf,
dr Fränze kreist ans Kanapee
und wirft sich krad no drauf.

Dr Mate sauft dia Neigele,
i will ihm's it vereitle,
doch isch mir des auf Anhieb klar,
des weat de Kerle beutle.

D' Vevi macht de Cognac auf
und schütt ihn in Kaffee,
sie macht a Mischung halb und halb,
i denk mir bloß: „Ja hee?"

Bald dernach will sie aufs Klo,
a größers Unterfange,
sie dreht es oimal glei ums Rad,
hot sich am Christbaum gfange.

Dea Baum, des isch ja zum verstauh,
dea war deam Schwung it gwachse,
Baum und Vevi haut es um,
ma sieht krad bloß no d' Haxe.

Dia Kaffeemischung war it guet,
des denk i mir scho glei,
des macht dr Vevi gar nix aus,
schloft unter'm Baum dinn ei.

Mei Ma set seit ar Stund nix mea,
er isch scho tief im Traum,
dass dea heit no in Stall naus goht,
des glob i wirklich kaum.

Dr Mate legt sein Kopf an Tisch
und ruesslet selig ei,
er lässt an Kopper no derzue,
des war krad o it fei.

Senz und i, bloß no mir zwei,
mir hand an Einfall ghet,
jez trink mer zünftig mitanand
zwei Geißemass um d' Wett.

Wea gwonne hot, des weiß i it,
's gibt ein abruptes End,
weil in dr Stube standet z'mol
von eis glei all drei Kind.

„Ja lieber Gott, was isch passiert,
wia sieht's do hinna aus,
dr Christbaum flackt und unda dinn,
do schaut a Leiche raus?"

„Kinder", sag i, „nix isch los,
i find des wonderfull,
reget uib frei ja it auf
und bleibet oifach cool!"

Dia leere Fläscha auf'm Tisch,
dia saget doch scho gnue ...
„Ja wia ma na so saufe ka!",
so fragt mei eigner Bue.

„In deam Alter", moint dann d' Föhl,
„was denket dir uib bloß?
Mir, wenn's dätet, alle drei,
dann wär dr Teifel los."

„Was isch mit'm Papa?", fragt dr Bue
und goht an Sessel na,
ganz klar, dass dea jez dann im Stall
koi Kueh mea melke ka.

„Auf gar koin Fall", set dann mei Ma,
er kommt jez mea in d' Heache,
er däb was an de Auge hau
und alles doppelt seache.

„Du springst heit ei", set er zum Bue,
des bringt er krad no raus,
„bei sooo am Haufe Küeh im Stall
kenn i mi nemma aus."

Mei Jüngste packt de Mate a,
bei'r Tür naus schleppt s' 'n glei,
d' Senzl nimmt ihr Geißemass
und wanket hinterdrei.

Mei Bue zerrt d' Vevi unda raus,
Daasnadeln in de Hoor,
dann wünscht sie eis mit ihrem Dampf
a guetes neues Johr.

Mei Große stellt de Fränze auf,
's Lametta no am Grind,
er isch ganz brav und dappet los,
hebt ei, so wia a Kind.

„Dir zweie gand", so set dr Bue,
„sofort in d' Kammer nauf,
dean Sauverhau und o de Schnaps,
dean raumet d' Föhla auf."

Bei'r Stieg nauf denk i an dean Schnaps,
mir deand nix mea vertrage,
„totglobet" häbet mir dean Baum,
so hör i d' Kinder sage.

A bissle narret denk i glei:
„Verdammt, isch des a Graus,
in eiserm Alter hältst it mol
no 's Christbaumlobe aus!"

89

Ma muess sich bloß z' helfet wisse

Vor viele Johr isch des passiert,
so in de zwanzger Johr,
von deane lebt scho lang koir mea,
doch sei dia Gschicht gwieß wohr.

Weihnächte war krad vorbei,
es goht Silvester zue,
do kehrt dr Sepp im „Ochsen" ei,
denn er hot Durst krad gnue.

Doch leider hot er hald koi Geld,
weil's schlechte Zeiten sind,
fünf Küeh im Stall, an Ochs derzue,
in dr Stube siebe Kind.

So hofft er hald, der arme Ma,
dr Wirt mög gnädig sei,
und schreibt ihm dia zwei Halbe a,
und wenn er Glück hot, drei.

So druckt er an de Wirtstisch na,
do hocket ja scho vier,
und bstellt sich, wia dia andre Leit,
a frische Halbe Bier.

Z'mol kommt bei'r Tür dr Schuster rei,
dr Großbaur, gwieß it nett,

er hot an untrumm Mantel a
und strotzt vor Geld und Fett.

Er hockt an Tisch glei vorne na,
dea stoht ihm zue, dea Fleck,
und all dia mit am kleine Sach,
dia druckt dea Kerle weck.

Er hot it wirklich viel im Kopf,
doch führt er 's große Wort,
er isch ja schließlich, leider wohr,
dr größte Baur im Ort.

Er macht mea Sprüch und protzet glei,
dea Ma, dea ghur verhaut,
und – jez frisst der Kerle no
sechs Schweinswürstla mit Kraut.

Dr Sepp hot denkt: „Des gibt's doch it,
's isch koi gerechte Welt,
dia wo scho solche Ränze hand,
hand o no 's meiste Geld."

Doch z'mol set dann dr Schusterbaur:
„I will koi Unmensch sei,
i hau an Grund zum Feire heit
und halt uib alle frei."

Er häb sein sechste Bue krad kriegt:
„Des isch doch Anlass gnue,

a Brotzeit und a Fässle Bier,
jez langet gherig zue."

Ma isst dia Brotzeit mit Genuss
und füllt dia Masskrüg auf,
dann lobet ma dean Schusterbaur
fast bis in Himmel nauf.

's Bier hot dann sei Wirkung doa,
dia meiste hot's scho dreht,
dr Schuster goht als Erstes hoim,
es war ja o scho spät.

Er goht beim Schmid de Bichl nauf,
es reißt ihn hin und hea,
dea Schuster hot an mordstrumm Rausch,
des war frei nemma schea.

Z'mol kriegt des Bier an Überdruck,
dr Ma hot übertriebe,
und weil er's nemma hebe ka,
hot er in Schnea neigspiebe.

„Jez weat's leichter", moint dea Ma,
er ka ja bloß no lalle,
zum größten Unglück isch er dann
mit'm Gsicht in d' Lache gfalle.

Es hot fast minus zwanzig Grad,
des isch des Dumme dra,

drum gfriert dr Schuster mit seim Bart
in der Lache a.

Jez ka er ruedre wia er will,
er kommt nemma in d' Heache,
ma ka es globe oder it,
es isch frei gwieß so gscheache.

Dr Sepp, dea trinkt sei Bier no aus
und packt de Hoimweg a.
Beim Bichl dob, do denkt er sich,
do flackt oir komisch dra.

Dr Schuster schreit: „So hilf mir doch,
i komm do nemma weck,
i flack scho seit ar halbe Stund,
angfrore an deam Fleck."

Dr Sepp hot sich it lache traut,
des wär jez gar it schea,
drum reißt er an deam Schusterbaur
mit Gwalt dann hin und hea.

Dr Schuster schreit ganz elend auf:
„Isch des a blöde Gschicht,
du reißt mir ja mein scheane Bart
no vollends raus vom Gsicht!"

Dr Sepp hot dann an Einfall ghet,
er dät jez ebbas wisse,

wia du von dear Stell weck kommst,
ohne Bart ausgrisse.

„Was wär dir denn dia Lösung wert,
dia wo bloß i jez weiß?"
In so ar blöde Situation,
do zahlt dea jeden Preis.

„I zahl was willst", set Schusterbaur,
„do kommt's mir it drauf a,
doch due jez endlich schnell derzue,
weil i bald nemma ka."

„Schuster, jez muesch tapfer sei",
so set dr Sepp no drauf,
stoht brettlesbreit vor 'n Schuster na,
macht d' Hosefalle auf.

Des Freibier isch jez richtig warm,
und Druck macht's obadrei,
so bieslet er mit scharfem Strahl
de Schusterbauer frei.

Des Biesle hot sei Wirkung doa,
und 's Eis war bald scho broche,
erlöst war so dr Schusterbaur,
bloß hot er it fein groche.

Er wollt ihm um de Hals glei falle,
doch Sepp set: „Lieber nicht,
des ging mir wirklich krad no a,
mit deam verseichte Gsicht!"

Und die Moral von der Geschicht,
des muess jez o no sei,
it jeder, wo di anpisst hot,
muess glei a Schlechter sei!